ÉTUDE

SUR LA

RIVIÈRE DE SCARPE

sa Navigation

ET LE

DESSÈCHEMENT

DE LA

VALLÉE INFÉRIEURE

PAR

H.-A.-J. C.

Ancien Président du Comice agricole, etc.

Doe wel en zie niet om!

SAINT-AMAND, NORD.

LEGRU-RAVIART, IMPRIMEUR-ÉDITEUR, GRAND'RUE.

1875.

ÉTUDE

SUR LA

RIVIÈRE DE SCARPE

sa Navigation

ET LE

DESSÈCHEMENT

DE LA

VALLÉE INFÉRIEURE

PAR

H.-A.-J. C. (Château)

Ancien Président du Comice agricole, etc.

Doe wel, en zie niet om!

SAINT-AMAND, NORD.

LEGRU-RAVIART, IMPRIMEUR-ÉDITEUR, GRAND'RUE.

—

1875.

AVANT-PROPOS.

Ceux qui écrivent auront de l'indulgence pour notre travail, car ils savent ce qui en coûte pour faire le moindre petit livre.

Ceux qui n'écrivent pas mais qui lisent, l'accueilleront aussi avec bienveillance, car ils doivent savoir qu'il n'est pas de si mauvais ouvrage qui n'offre quelque chose de bon à apprendre.

1

La Scarpe arrose une vallée dont la longueur de Douai à Mortagne est de 48 kilomètres. Cette rivière dont le lit a été redressé au moment de la canalisation, n'a plus entre ces deux villes qu'un parcours de 36 kilomètres.

La vallée de la Scarpe est en réalité comme un vaste plateau de 48 lieues carrées, au milieu duquel et dans les niveaux les plus bas, la rivière avait placé son cours naturel.

La Scarpe prend naissance à Estrun au-dessus d'Arras. Sa direction principale est du Sud-Ouest au Nord-Est. La largeur de la vallée varie beaucoup ; elle est bornée par des terrains qui s'élèvent d'une manière peu sensible.

Sur 49 communes, parmi lesquelles trois villes, qui bordent les deux rives de la Scarpe, 43 seulement sont soumises à l'impôt du dessèchement.

La partie supérieure de la rivière depuis Douai jusqu'à Arras, a été canalisée vers la fin du xvime siècle.

Sa navigation exige une forme de bateau plus réduite. On les voit souvent dans nos parages où ils sont connus sous le nom de *bateaux d'Arras.*

Les bateaux des canaux voisins ne pourraient pas s'engager dans la Scarpe supérieure par suite de leur trop grande largeur et dimension.

Le lit de la rivière de Scarpe est en beaucoup d'endroits supérieur au sol. Il paraît avoir été détourné plusieurs fois et à plusieurs époques de sa direction primitive (le *Talweg*).

La grande histoire nous apprend que, dans les premières années de l'ère chrétienne en 48, lorsque les Romains conduits par leurs chefs les plus habiles, se répandirent dans les Gaules qu'ils occupèrent pendant près de cinq siècles, leur premier soin était d'établir leurs campements dans le voisinage des fleuves et des rivières navigables, ou sur les plateaux boisés qui s'en rapprochaient le plus.

Notre contrée se prêtait beaucoup à cette savante stratégie, qui avec leurs galères à rames leur permettait de se ravitailler facilement et de se mettre à l'abri de toute surprise.

N'oublions pas que les grandes voies de communication dans notre contrée faisaient à peu près défaut avant l'occupation romaine. Le petit nombre de celles qui existaient furent rectifiées et consolidées, dit Strabon, avec le concours des habitants qu'ils avaient soumis ; ils en créèrent beaucoup d'autres sous Agrippa qui portent aujourd'hui le nom de *Chaussées Brunehaut*.

« Ils les faisaient aller de *droict-fil*, autant qu'il se pouvait faire, dit d'Outreman dans son histoire de Valenciennes, vers les fleuves et les rivières, *ce qui mettait leurs armées en contact avec les voies navigables* ; » c'est ainsi qu'ils purent dominer toutes les Gaules, quoique disséminés sur un vaste échiquier.

Les grandes plaines de l'Artois, rapprochées du littoral de la Manche servaient de grenier d'abondance aux légions romaines.

La Scarpe tout comme l'Escaut indubitablement devait servir au transport des grains de cette contrée et des pays voisins vers les villes des Flandres et du Hainaut qu'elles occupaient.

Telle a dû être l'origine de la navigation sur notre rivière.

La Scarpe assurément n'a pas été créée à la seule fin de dessécher les marais de la vallée, comme d'aucuns le prétendent.

Le dessèchement fut la conséquence d'une civilisation plus avancée, de besoins plus grands, du développement progressif de l'industrie et de l'agriculture.

Grégoire de Tours et Sidoine Apollinaire, évêque de Clermont, auteurs presque contemporains des derniers temps de l'occupation, nous font suivre presque pas à pas les légions romaines, partant de Bavay qui était le centre de leur administration militaire, vers Famars (Valenciennes) et Escaupont à 6 kilomètres des thermes de Saint-Amand.

Ces thermes sans nul doute servaient d'hôpital à leurs malades et à leurs blessés. Ils sont situés à 2 kilomètres à peine d'un lieu appelé *Suchemont*.

La configuration du terrain, les vestiges d'anciennes constructions, certaines dénominations de rues et de places publiques que la tradition a conservées jusqu'à nous, la langue parlée par les habitants du voisinage, tout paraît établir qu'il y a eu un campement dans ce lieu.

Ce campement dominait les thermes et les mettait ainsi à l'abri de l'insulte des barbares. Suchemont est situé sur le point le plus élevé de la chaussée Brunehaut qui se dirige presqu'en ligne droite sur le château du Locron, au fond de la vallée de la Scarpe à un kilomètre à peine de son confluent avec l'Escaut près Mortagne.

Le château de Locron, établi comme un blochaus presque à portée de trait de la rivière de Scarpe, en surveillait et protégeait la navigation.

Entre Suchemont et l'ancien château du Locron, aujourd'hui rasé complétement, mais dont les fondations se reconnaissent encore à l'herbe jaunâtre et étiolée qui croît sur leurs assises, se trouve le hameau d'*Auterive*, probablement l'*Alta ripa* des commentaires de César.

Saint-Amand avait placé son premier oratoire dans ce hameau, séparé de la commune de Nivelles par la Scarpe, sur les ruines d'un autel dédié à Mercure. La chaussée Brunehaut traversant ce lieu se prolongeait vers Tournay, Vervick, Cassel, Teroanne.

C'est l'itinéraire d'*Antonin*, dont la borne qui se trouve encore de nos jours sur la place publique de Bavay, marque le point de départ.

Il résulte clairement de cet itinéraire, dit le savant évêque de

Clermont, qu'une voie publique traversait l'Escaut à Escaupont dans la direction de Tournai, et il fait en même temps le récit d'une bataille sanglante livrée sur ce point, dans un lieu très-difficile par les derniers chefs romains Aétius et Majorianus à Clodion l'un des premiers rois francs qui mourut et fut enterré à Cambrai en 440, près du lieu où l'Escaut prend sa source.

Si nous nous permettons quelques citations d'auteurs anciens et autorisés, c'est qu'elles nous paraissent avoir quelques rapports avec le but que nous poursuivons qui est d'établir que la navigation sur la Scarpe comme sur l'Escaut est bien antérieure au x^mo siècle et qu'elle se perd dans la nuit des temps.

II

La longue occupation de notre contrée par les Romains a été considérée comme une période de paix et de civilisation relative.

Le culte sanguinaire des Druides disparut peu à peu pour faire place au paganisme qui, par ses facilités plus grandes, contribua à adoucir les mœurs farouches de nos ancêtres.

En même temps, le christianisme naissant malgré tous les édits de proscription des empereurs se développait de plus en plus par la sublimité de sa doctrine — *tous les hommes sont frères* — et préparait les esprits à une complète renovation sociale.

La Rome payenne avait fait son temps. Nos fiers vainqueurs disparurent et il s'en suivit une grande perturbation. Les services publics monopolisés par eux furent complétement désorganisés.

Puis nous voyons les chefs francs se saisir à leur tour de l'administration des Gaules.

Les monastères aussi commencèrent à se multiplier et formèrent au milieu de ce cataclysme universel comme autant d'arches saintes où furent recueillies les épaves littéraires et scientifiques des temps antérieurs.

Une sorte d'ordre et de discipline s'établit sous l'impulsion des premiers missionnaires qui vinrent évangéliser nos contrées, et en extirpèrent, non sans les plus persévérants efforts et souvent des plus dangereux, les restes du paganisme.

L'un de ces ardents missionnaires, revêtu des plus hautes fonctions apostoliques, avait parcouru le monde et affectionnait particulièrement notre vieil Elnon. Il était réputé l'un des hommes les plus instruits de son époque.

En toutes choses, il prêchait d'exemple; c'était en même temps un défricheur courageux, un ouvrier qui mettait la main à l'œuvre.

Quant Dagobert I⁰ʳ, roi des Francs, lui fit don du *lieu situé entre deux rivières, la Scarpe et l'Elnon*, ce lieu habité par quelques peuplades peu sociables, encore imbues des idées druidiques tempérées par le paganisme, était comme un vaste marais caché dans d'épaisses forêts et ravagé incessamment par les débordements de nos rivières qui n'étaient plus l'objet d'aucuns soins depuis la dispersion des colonies sédentaires des Romains.

Mais les missionnaires renouèrent la chaîne des traditions « et il » faut aduouver, dit Mezerai dans son histoire de France, tome I⁰ʳ, » page 176, que ces troupes pénitentes furent très-utiles à la France, » mesmes pour le temporel. »

Beaucoup d'historiens ou chroniqueurs d'un talent supérieur ont longuement et savamment décrit nos usages et nos mœurs, et recherché notre origine. Tous sont d'accord sur ce point que les courageux ouvriers de foi et de civilisation que les premiers siècles enfantèrent, devenus de plus en plus nombreux dans les vme, vime et viime siècles allaient par troupes, comme autant de rudes pionniers, défricher les lieux incultes, *dessécher et assainir les marais, percer l'épaisseur des forêts, faire rentrer les fleuves et les rivières dans leurs lits.*

C'est ainsi qu'ils faisaient mieux apprécier leur divine mission aux peuplades les moins disposées à se laisser convertir, les plus rebelles à la foi chrétienne.

« Car nos bons religieux, dit encore Mezerai, qui ne s'étaient pas » donnés à Dieu pour mener une vie faicneante, travaillaient de » leurs mains à essarter (défricher), à dessécher, etc., ensorte que » des deserts incultes, ils faisaient des lieux très-agréables. »

Nos moines à la fois soldats, laboureurs, industriels, ingénieurs et prêtres commencèrent dès le vii^mo siècle à fertiliser par leurs rudes et incessants labeurs le sol de notre vieil Elnon et exécutèrent les premiers dessèchements.

Sous forme de corvées, de tailles, de prestations dont plus tard il fut trop souvent fait abus, les habitants furent associés à ces premiers travaux, dont ils devaient les premiers recueillir les bénéfices.

Les digues de notre rivière commencèrent à être relevées, ce qui produisit le volume et le niveau d'eau nécessaire à la flottaison des bois de nos forêts, ainsi qu'à la navigation renaissante.

De nombreux petits canaux furent créés, ou rectifiés et élargis; des barrages furent établis, ce qui commença à assainir la contrée sujette aux fièvres paludéennes.

Peu à peu et successivement sur tout le parcours de la vallée furent établis d'autres canaux de dessèchement qui, fonctionnant comme de véritables drains, écoulaient le trop-plein de nos eaux dans le lit approfondi et mieux régularisé de la Scarpe qui était comme leur collecteur commun.

Tous ces travaux rendaient la navigatiou de plus en plus facile.

Puis ces agglomérations successivement accrues, ayant pour chefs des hommes intelligents, désintéressés, actifs, résolus, formèrent des hameaux, des villages, des villes.

C'est ainsi que Saint-Amand se trouva fondé.

Le monastère et la ville sont contemporains; leur histoire est la même; l'un comme l'autre durent leur origine et leur importance à l'homme illustre qui leur laissa son nom.

C'est ainsi que nous serons amenés à examiner comparativement ce qui s'est fait de nos jours sous un syndicat concentré en 1834 à Marchiennes par la faveur d'un ministre, qui contribua à nous déposséder de nos droits séculaires, et le syndicat placé de temps immémorial à Saint-Amand, sous l'impulsion de nos abbés ou leurs successeurs, de ces célèbres abbés d'Elnon, si souvent et si inconsidérément calomniés dans leurs vues d'économie locale et dont nous aurons à rappeler le mérite supérieur.

Nos concitoyens connaissent nos aspirations libérales; ils savent parfaitement que nous ne rêvons pas le retour impossible d'un passé qui a eu sa raison d'être; nous ne cesserons d'en revendiquer l'héritage dans ce qu'il a eu d'utile et de glorieux pour nous.

III

Les *Cotisations spéciales*, sans nul doute mieux réparties de nos jours, remontent donc à l'époque de l'amélioration de nos voies navigables, travaux de dessèchement ou autres entrepris dès les temps les plus reculés.

Le viiime siècle reste un peu plus dans les ténèbres et arrête ou suspend les progrès de la civilisation qui essayait de se faire jour.

Les Germains et hommes du Nord, connus sous le nom de *Suèves*, d'*Alains*, de *Burgondes*, de *Vandales*, qui alors comme aujourd'hui, mais moins savamment, moins méthodiquement peut-être, brûlaient et détruisaient nos villes et nos campagnes, vinrent à plusieurs reprises, en passant le Rhin, interrompre les travaux recommencés; mais ces travaux étaient sans cesse repris et continués avec certaines intermittences.

Avec le ixme siècle commencèrent les splendeurs du règne de Charlemagne, cet empereur d'Occident qui fit l'unité gauloise et l'éleva à l'apogée de sa puissance, mais la détruisit à sa mort par le partage impolitique de l'empire entre ses enfants.

Vers la fin de ce règne les Germains ou barbares du Nord s'approchèrent de nouveau de nos plages avec leurs barques légères et vinrent encore insulter nos rivages.

« Et le grand Charles mourut, dit le moine de Saint-Galles, en » prévoyant les calamités qu'ils feraient souffrir aux peuples d'Occi- » dent. »

Dans le xme et xime siècle nous sommes en pleine féodalité; les Croisades servirent d'exutoire aux peuples du Nord, qui depuis lors vinrent moins souvent faire irruption dans les Gaules.

La navigation depuis cette époque aussi s'améliora de plus en plus et c'est alors que nos Abbés, seigneurs temporels du lieu, commencèrent à exécuter ces admirables travaux hydrauliques que d'autres plus autorisés que nous ont tant de fois et si savamment décrit.

Nous en arrivons au moyen-âge. Les droits de navigation étaient relativement beaucoup moins élevés que de nos jours ; les barrages étaient beaucoup moins nombreux dans le parcours de la vallée ; le temps aussi faisait son œuvre et venait en aide aux habitants si laborieux du littoral de la Scarpe.

Dans les crues d'eau subites, dans les dégels à la suite de neiges abondantes, dans les pluies torrentielles persistantes, la Scarpe charriait un limon des plus épais, fourni par les terrains argileux de l'Artois, et la partie supérieure de la rivière, lentement mais incessamment, rehaussait les terres de la partie inférieure.

Ce limon qui aurait fini peu à peu par combler une partie de nos lagunes ou marais rendait à l'agriculture des terrains très-précieux en les transformant en prairies naturelles.

Ce fait incontesté explique au point de vue géologique la composition si variée et parfois si bizarre de beaucoup de nos terres et leur assigne ainsi une valeur très-inégale ; sur la surface d'un seul hectare nous trouvons en effet des parties graveleuses, sablonneuses, parfois argileuses et tourbeuses.

Nous sortons enfin du moyen-âge pour en arriver à ce que l'on appelle l'époque de la renaissance.

Les petites rivalités, les guerres de commune à commune, de province à province ont disparu pour faire place aux grandes guerres de races ou d'intérêts collectifs.

Sous le gouvernement des ducs de Bourgogne, sous celui des gouverneurs des Pays-Bas espagnols et autrichiens sous lesquels nous avons vécu, notre constitution, nos franchises communales, nos droits avaient toujours été respectés à ce point que nos gouvernants étaient obligés d'en jurer le maintien, lors de leurs *joyeuses entrées*, c'est-à-dire de leur avènement au pouvoir.

Nous conservâmes nos lois particulières ; l'autonomie de notre petit État de Saint-Amand resta presque entière.

Après de nombreuses alternatives de succès et de revers, sous le long règne de Louis XIV, la paix signée à Ryswyck, en Hollande, concéda définitivement à la France une partie de la Flandre et du Hainaut détachée des Pays-Bas.

Notre petit État rentra ainsi dans le giron de la grande famille gauloise; mais ses franchises en furent quelque peu amoindries.

Le pouvoir autocratique essentiellement centralisateur de sa nature en matière politique, comme en matière administrative, ce pouvoir royal qui s'était caractérisé par ces seuls mots « l'*État, c'est moi* » voulut par tout et de toute manière affirmer son droit souverain.

L'intendant du grand roi, pour Hainaut et Flandres, reçut l'ordre, en ce qui nous concernait, de nommer un fonctionnaire d'un rang élevé qui reçut le nom de *Bailly des Eaux*, inspecteur de la navigation de la Scarpe.

Ce Bailli des Eaux, placé sous l'autorité supérieure de l'intendant, cumulait dans ses attributions tout ce qui était relatif à la navigation et au dessèchement, mais il devait recevoir l'agrément et l'investiture du seigneur du lieu, absolument comme de nos jours encore dans la fière et libre Angleterre le chef de l'État est obligé, *par représentation*, de se présenter à *Temple Bar*, dont le lord maire de Londres lui ouvre toujours très-gracieusement les portes.

Les appointements de notre Bailli ainsi que les frais d'entretien étaient supportés par les abbayes, communautés et seigneuries riveraines, d'après la répartition faite par les intendants.

L'unité dans la surveillance et les travaux d'ensemble se trouvait ainsi assurée et il n'y avait pas lieu de craindre alors qu'une section de la vallée fut préférée à une autre.

L'expérience d'une longue suite d'années justifia la sagesse de cette organisation.

Ces détails circonstanciés puisés dans nos archives seront parfois de précieux documents plaidant en faveur de la cause que nous voulons défendre aujourd'hui, et qui fut trop longtemps négligée par ceux-là même qui avaient le devoir de s'en occuper.

IV

La Scarpe, avons-nous dit, était dans les temps anciens comme elle est encore de nos jours, la principale artère hydraulique des deux cantons de Saint-Amand.

Cette rivière servait à y importer comme à en exporter tous nos produits agricoles et industriels.

Un grand commerce d'échanges avec les localités voisines et lointaines amenait le bien-être et l'aisance au sein de la population de notre vieil Elnon sur lequel planait encore le souvenir de plusieurs rois francs qui avaient reçu l'hospitalité dans ses murs et même avaient été élevés et instruits par nos célèbres abbés.

Notre petite ville avait ainsi acquis une sorte de célébrité, une importance que n'avait méconnu aucun gouvernement de l'époque si tourmentée du moyen-âge.

Il faut le reconnaître : à cette époque la science économique et politique de ces abbés avait été et était encore en si grande renommée, que les hommes d'État des pays les plus éloignés venaient leur demander l'instruction, réclamer leurs conseils et préluder ainsi à l'administration de leurs contrées respectives.

Il n'est donc pas étonnant que la jalousie des abbayes comme des seigneuries voisines en ait été grandement surexcitée.

Il suffit de se rappeler, notre histoire à la main, de combien de compétitions notre petite ville fut l'objet ; combien de fois elle fut ravagée, brûlée, dévastée ; combien ont été nombreux les traités qui ont été signés, puis déchirés et refaits pour amoindrir ou accroître selon les revers ou les succès, les avantages qui résultaient pour elle d'une batellerie des plus actives, dont l'influence sur la fortune publique était prédominante alors.

L'agriculture ne pouvait que suivre les progressions de ce développement commercial amené par une navigation des plus florissantes.

Les voies de communications n'étaient nullement ce qu'elles sont devenues de nos jours ; le défoncement était leur état normal ; les chemins vicinaux étaient à peine tracés ; nos hameaux, nos communes, nos villes étaient presque isolées entre elles !

L'on eut assurément brûlé ou tout au moins traité de rêveur ou d'halluciné l'homme assez mal avisé pour préconiser la vapeur dans son application à la navigation ou aux voies carrossables !

Dans le XVIIme siècle, lors de la reconstruction de notre abbaye par le célèbre abbé Dubois, seigneur temporel et haut justicier de Saint-Amand, le cours navigable de la Scarpe qui en baignait les murs, fut reporté à quelques centaines de mètres au sud de la ville.

Notre célèbre 76me abbé, dont le successeur reçut si magnifiquement le grand roi le 2 mars 1678, ne faisait qu'user de son droit souverain, dans l'intérêt de la ville elle-même qui le préoccupait avant tout.

La cause de ce déplacement qui apporta un si grand trouble à nos intérêts locaux, a été fort diversement appréciée.

Certains chroniqueurs, beaux esprits de l'époque, et la race n'en est pas éteinte dans la bonne petite ville de Saint-Amand, ont prétendu « que le trop grand rapprochement d'un mouvement » commercial qui s'accroissait d'une manière incessante, était devenu » chose des plus désagréables aux religieux de l'abbaye dont il trou- » blait le pieux recueillement » (1).

Tel n'a pas été le futile motif de ce déplacement dont les esprits sérieux peuvent facilement se rendre compte.

Il n'en est pas moins vrai que la batellerie ainsi détournée perdit peu à peu l'habitude de stationner à Saint-Amand où elle s'approvisionnait de tout ce qui lui était nécessaire quand elle pouvait traverser le centre de la ville.

L'essor de la richesse publique en fut considérablement ralenti et

---

(1) Le plus modeste petit bulletin communal que l'on pourrait consulter chez soi en tout temps aurait raison de ces plaisanteries malsaines : comme, par exemple, le soi-disant refus fait par l'honorable M. Sterlin en 1835, de ramener le cours de la Scarpe dans son ancien lit ; et la fameuse sonnerie des cloches du 10 novembre 1839 qui aurait été ordonnée par un autre de nos maires, pour avoir obtenu l'éloignement de notre ville de tout chemin de fer, etc., etc.

altéré. Le petit commerce surtout se ressentit vivement de cet abandon dû à l'éloignement de notre cours d'eau navigable.

Les regrets que nous entendons encore exprimer de nos jours ne sont que le lointain écho de l'effet désastreux que produisit ce déplacement.

Le si malencontreux emplacement de la gare du chemin de fer de Lille à Valenciennes placé au bout de la rue de Marillon, qui pouvait devenir une gare de première classe tandis que désormais, faute d'espace, elle ne sera jamais qu'une gare de transit, produira les mêmes regrets mais bien autrement justifiés.

L'agriculture eut moins à souffrir que le commerce de ce détournement de notre rivière. Nos abbés continuèrent à régler le cours de toutes nos eaux intérieures avec un soin des plus jaloux. Ils ne souffraient aucun empiètement sur les droits, privilèges et immunités qui remontaient à Dagobert 1er, confirmés par le pape Martin 1er et respectés par Louis XIV lui-même.

Les barrages principaux de la Scarpe se trouvaient de temps immémorial en amont de la ville.

Malgré leur fonctionnement sévèrement réglé, leur fermeture élevait parfois d'une manière excessive le niveau des eaux supérieures qui incommodaient ainsi le domaine de l'ancienne abbaye d'Hasnon et autres lieux plus éloignés.

De nombreuses réclamations furent élevées à différentes reprises par les abbés d'Hasnon, de Marchiennes et les seigneurs de Warlaing.

Il s'en suivit de longs et irritants débats ; puis un long procès en parlement qui se termina par le déplacement des barrages ou écluses de la rue de Marillon et leur transfert au château de Lamotte en aval de la ville.

Cette transaction, notre impartialité nous oblige à le reconnaître, était un sage tempérament apporté aux mesures arbitraires possibles que pouvaient prendre les abbés de Saint-Amand, restés les maîtres absolus de toute la partie de la vallée inférieure, bien autrement importante que la partie centrale et supérieure par sa position topographique et son rapprochement de l'Escaut.

Si elle ne donna pas entièrement satisfaction aux parties intéressées, elle éteignit au moins les rivalités poussées parfois jusqu'à la violence.

Les commissaires nommés de part et d'autres firent un nouveau règlement qui eut spécialement pour but de faciliter l'écoulement des eaux par les deux dérivations placées à droite et à gauche de la rivière, qui sont les véritables canaux de dessèchement de la vallée.

Le droit de l'abbaye de réglementer souverainement le cours des eaux intérieures, d'en élever ou d'en abaisser le niveau selon les besoins locaux, combinés avec ceux de la navigation au moyen de barrages ou vannes, fut intégralement sauvegardé.

Les statuts de l'intendant Lepelletier, du 29 avril 1674 et 31 octobre 1682, sanctionnés par Louis XIV, ne firent que confirmer ce droit.

Dès lors, le déplacement de l'ancien lit s'imposait de lui-même. La ville, privée qu'elle devait être des barrages protecteurs de la rue de Marillon, aurait pu désormais être inondée par les pluies torrentielles et les crues d'eau subites, comme nous l'avons vu en 1873, malgré la canalisation et l'exhaussement des digues.

Nos savants et courageux abbés ne voulurent pas sacrifier les intérêts des habitants exposés à être inondés à une popularité éphémère ; ils cédèrent encore moins à la pression toujours égoïste des gros intérêts privés comme cela s'est vu trop souvent de nos jours.

Nos abbés, sans nul souci de leurs intérêts particuliers fortement engagés dans cette question, n'ont point voulu faire leurs propres affaires, sous le prétexte de servir la ville dont ils étaient les seigneurs temporels ; ils sacrifièrent résolument ces intérêts à la sécurité de tous et ils agirent en conséquence.

L'ancien cours de la Scarpe était des plus étroits et des plus sinueux ; il n'était accessible qu'à des bateaux d'un tonnage très-limité, 70 à 80 tonneaux. En 1670, sous la prélature de l'éminent Nicolas Dubois, on prévoyait déjà la construction de bateaux doubles et triples de ceux qui existaient alors, et l'élargissement de la rivière comme son approfondissement étaient impossibles à moins d'abattre la moitié de la ville.

Jamais travaux ne furent mieux compris et plus intelligemment exécutés. Ce détournement formait encore une défense naturelle autour de la ville et de l'abbaye.

L'Elnon, le Manqué, la Merette furent modifiés dans l'écoulement de leurs eaux et grossirent la rivière de Décours qui allait de la rue de Marillon au château de Lamotte en alimentant quelques moulins sur son parcours.

La Beuvrenne ou la Traitoire desséchait les terres et les prairies sur la rive droite de la rivière depuis Hasnon jusqu'au territoire de la commune de Château-l'Abbaye où elle se déverse dans la Scarpe près de son confluent avec l'Escaut (1).

La Scarpe n'était pas canalisée comme elle l'est aujourd'hui ; le débordement et le rabat de ses eaux devait être scientifiquement contenu et réglé ; les inondations périodiques faisaient pour ainsi dire office de colmatage, comme l'Escaut pour les polders à son embouchure.

Les eaux ensuite se retiraient peu à peu au printemps après avoir déposé sur le sol qu'elles avaient envahi un limon des plus fertilisants.

Nos grandes prairies ainsi irriguées nous donnaient de gras pâturages qui nourrissaient un nombreux bétail. Le trop-plein s'en exportait sur Valenciennes, Lille, Paris.

L'engraissement par la stabulation était peu pratiqué alors et nos boucheries très-renommées attiraient l'attention des étrangers par les magnifiques produits qu'elles étalaient.

Ajoutons que de nos jours elles ne négligent rien pour soutenir leur réputation d'autrefois.

(1) Voir la remarquable histoire du *Vieux Saint-Amand,* par M. de Courmaceul, ancien juge de paix.

V

La découverte des mines d'Anzin en 1734, fut un surcroît de richesses apporté à notre contrée.

L'industrie y prit des proportions inconnues jusque-là ; et la navigation de la Scarpe qui n'avait pas à redouter alors la concurrence écrasante qui lui est faite actuellement par les canaux voisins approfondis, prenait un tel accroissement que de nouveaux travaux d'art devenus de plus en plus indispensables furent entrepris.

L'Escaut dont l'enfoncement à Valenciennes suffit à toute batellerie amenait jusqu'à Mortagne, dont l'importance stratégique était si grande autrefois, les précieux produits des mines d'Anzin qui en entrant en Scarpe allaient vivifier toutes les industries de cette partie du nord de la France.

Nos abbés de concert avec le Bailli des Eaux prirent les mesures qui leur paraissaient les plus efficaces pour remédier aux inconvénients des basses eaux et rendre la navigation plus régulière, moins intermittente en lui procurant le volume d'eau nécessaire.

Cette question est toute d'actualité.

En 1752, les barrages furent augmentés, les digues furent exhaussées avec le concours de tous les riverains.

Mais il résulta de ces travaux ce grave inconvénient que la Scarpe roulait ses eaux à un niveau qui dominait la plaine. Quand il survenait des pluies persistantes, une crue subite et toujours possible, les infiltrations, la rupture d'une digue, des inondations beaucoup plus générales pouvaient couvrir toutes les parties basses de notre vallée et occasionner d'immenses désastres.

Nous en arrivons ainsi à l'aurore d'une autre grande renovation politique et sociale.

En 1789, l'esprit philosophique avait séduit les imaginations ; l'esprit de caste lui-même s'était offert en holocauste sur l'autel de la patrie, mais il n'avait pu sans regrets faire l'abandon de ses anciens privilèges.

C'était comme un nouveau monde qui devait naître dans les larmes et le sang.

Notre antique et célèbre abbaye, dans cette grande tourmente révolutionnaire, disparut avec ses immenses domaines qui firent retour à la nation.

En 1792, les fonctions de Bailli des Eaux, inspecteur-général de la navigation, furent supprimées après une existence de près de deux siècles.

Dans cette même terrible année, la suspension des travaux d'entretien occasionnée par la présence des armées allemandes sur notre sol ; les démolitions et les inondations opérées par ces éternels ennemis de la race gauloise que les rois ou empereurs des premiers siècles s'efforcèrent toujours de rejeter au-delà du Rhin, vinrent replonger la Scarpe dans la situation primitive la plus déplorable.

Pendant toute la durée de cette époque si grandiose et si désastreuse à la fois, la visite et l'entretien de notre rivière de Scarpe, la police de la navigation, les réparations à faire et la surveillance de tous nos canaux, rivières et courants de dessèchement, comme tous les travaux d'art avaient complétement cessé.

La grande guerre à peine terminée, la pensée du pouvoir central fut de remédier au mal qui était extrême.

Pour ne citer qu'un fait, disons que nos bateaux s'engageaient bien souvent dans nos prairies inondées pour rentrer un peu plus loin sans encombre dans le lit de la rivière.

Mais ce fut en vain que le pouvoir, issu de la révolution, convoqua les communes et les acquéreurs de biens d'abbayes, riverains de la Scarpe, pour les engager à délibérer entre eux sur le mode de réorganisation qu'il conviendrait d'adopter.

En l'an IV, l'administration centrale supérieure, représentée par Monsieur le Préfet du Nord, faisant fonction d'intendant-général de Flandres et de Hainaut, lassée de cette indifférence craintive ou calculée, prit sur elle de faire une première répartition de 15,892 francs ; et elle nomma un *Préposé* qui fut chargé des mêmes attributions que l'ancien Bailli des Eaux, mais pour le dessèchement seulement, la partie du service qui concernait la navigation elle-même étant entrée dans les attributions du corps des ingénieurs des ponts et chaussées.

Plusieurs communes et contribuables refusèrent l'impôt malgré la loi qui avait établi le mode de répartition sur les terres intéressées.

Les travaux abandonnés étaient devenus de plus en plus urgents. Les digues s'effondraient en plusieurs endroits.

Une somme nouvelle de 20,000 francs fut répartie en l'an v.

Une autre somme de 10,350 francs fut également répartie en l'an vii.

En l'an ix, des milliers d'hectares et des plus productifs étaient encore sous les eaux.

Les fièvres paludéennes décimaient la contrée et les inondations n'étant plus surveillées rendaient incertaine la récolte dans les autres parties de la vallée.

Ce triste état de choses, dû principalement à la mauvaise gestion des fonds, engagea le gouvernement à prendre, le 23 Brumaire an x, un arrêté qui remit la direction et la surveillance des travaux de dessèchement de la vallée de la Scarpe aux attributions du *Corps des ingénieurs des ponts et chaussées*, et il s'ensuivit une nouvelle centralisation des deux services : celui de la navigation et celui du dessèchement.

Les frais d'entretien des canaux de dessèchement restaient à charge des propriétaires intéressés et une commission de *cinq membres*, nommés par le Préfet, choisie par les principaux de ces intéressés, devait *chaque année*, faire la répartition de la cotisaiton *proportionnellement à la valeur et aux produits des terrains riverains*, ce qui était une mesure des plus équitables.

Le vice de cette organisation était simplement que les *cinq administrateurs* étaient en même temps juges et parties.

Trois percepteurs étaient chargés du recouvrement de l'impôt; la vallée elle-même était divisée en trois sections : celle de la vallée

supérieure, celle de la vallée centrale et celle de la vallée inférieure.

Râches, Marchiennes, Saint-Amand.

Ce mode d'administration subsista plusieurs années. Mais cette
commission presque inamovible *nommée par le Préfet*, finit par ne
plus prêter toute l'attention désirable à une répartition équitable de
la taxe ; cette commission fonctionnait en quelque sorte sans contrôle.

De nombreuses et légitimes réclamations surgirent de la part de
presque tous les autres intéressés de la vallée.

Une réorganisation était reconnue indispensable et ce fut alors
qu'intervint l'ordonnance royale de 1824, qui prescrivait la formation
d'une commission de six membres nommés *à l'élection* par les
intéressés pour administrer la vallée.

Le 21 juillet de la même année 1824, l'arrondissement de Douai
qui comprenait toute la vallée de la Scarpe fut scindé en deux arrondissements, ceux de Douai et de Valenciennes, et une nouvelle
Ordonnance du 30 novembre 1825, créa deux commissions : une
pour chacun des arrondissements de Douai et de Valenciennes.

Ces deux commissions, ayant leur président particulier, vécurent
dans l'accord le plus parfait jusqu'en 1831.

C'était une partie de l'ancien régime de nos eaux ressuscité dans
ce qu'il avait de salutaire et de fécond, avec la décentralisation en
plus et avec une garantie supérieure de bonne administration. Les
deux commissions pouvant exercer un contrôle sérieux sur leurs
travaux respectifs, sur l'application de leurs ressources.

Le Bailli des Eaux se trouvait simplement remplacé par le corps
des ingénieurs des ponts et chaussées qui déléguait un ingénieur
divisionnaire pour le service hydraulique général de la vallée.

Tous nous connaissons la haute impartialité, la noble indépendance de ce corps si savant et si honoré appelé à rendre encore tant
d'importants services à la France !

VI

L'unité était donc acquise aux travaux d'ensemble sous cette haute et savante direction.

Mais l'ancienne *commission inamovible des cinq* ne se tenait pas pour battue; elle multipliait ses démarches en haut lieu et ne cessa de solliciter le retour à une seule et unique commission, ce qui devait rendre à l'arrondissement de Douai qu'elle avait si longtemps représenté *souverainement* la prépondérance sur les intéressés de l'arrondissement de Valenciennes, que la loi du 30 novembre 1825, promulguée dans un esprit d'équité lui avait fait perdre et qu'elle voulait récupérer à tout prix.

Les gros propriétaires de la vallée supérieure et centrale prétendaient que l'administration de la vallée divisée en deux parties mettait en péril tous les intérêts; que la bonne conduite des travaux était absolument impossible; que la division en deux sections n'avait fait que produire les tiraillements les plus funestes et empêchait toute amélioration sérieuse, etc., etc.

Le retour à une seule et unique commission agissant presque sans contrôle et, disons-le, pour le mieux de leurs intérêts soi-disant compromis, était leur rêve.

Pour le réaliser, ils n'allaient pas précisément jusqu'à prêcher le refus de la cotisation, mais ils ne craignaient pas de s'attaquer au besoin et de tenir tête aux communes ou aux ingénieurs hydrauliques quand ils n'abondaient pas dans leur sens.

Très-influents par leur grande fortune, ils s'adressèrent à de plus hautes influences encore auxquelles ils remettaient mémoires sur mémoires. Ils finirent par exercer une telle pression sur les gouvernants de l'époque que le retour à une commission unique fut adopté par une ordonnance royale du 19 août 1831.

Cette ordonnance portait que « la nouvelle commission spéciale » préparerait un nouveau règlement. »

En vertu de l'ordonnance du 30 novembre 1825, les deux sections de Saint-Amand et de Marchiennes étaient composées chacune de *quatre membres* et avaient leur président respectif.

Elles se réunissaient à Marchiennes, comme le point le plus central, pour délibérer en cours plénière avec le délégué des ponts et chaussées, sur les intérêts communs de la vallée.

Nous avions à Saint-Amand notre receveur particulier. Ces deux commissions traitaient d'égal à égal ; et comme il faut s'en rapporter aux documents existants, Saint-Amand, par respect pour les anciennes traditions ou par courtoisie peut-être, prenait le pas sur Marchiennes.

Une grosse question internationale était à l'ordre du jour dans la séance du 10 février 1829.

Il s'agissait du canal de Pommerœuil et du barrage d'Antoing qui faisait refluer les eaux de l'Escaut dans notre canal au risque d'inonder la vallée inférieure de la Scarpe.

M. l'inspecteur divisionnaire Cordier avait fait un rapport des plus consciencieux dans lequel il établissait que « si Tournai eut encore » appartenu à la France, en prolongeant en-dessous des écluses » belges les canaux de la Traitoire et du Décours, en augmentant » leur pente et leurs débouchés, on obtiendrait en toute saison un » dessèchement complet, etc., etc. »

Il ne pouvait entrer dans la pensée d'aucun homme sérieux de vouloir sacrifier la navigation au dessèchement, c'est-à-dire l'industrie et l'agriculture dont les intérêts sont solidaires.

Ce rapport bien remarquable des deux sections réunies portait les signatures dans l'ordre suivant :

> Signé : BALIGAND, ANDRÉ, PETITBOIS.
>
> Signé : LUBRÉ, DUMOULIN, LEROY (de Béthune),
>
>> DESESPRINGALLES, président de la Commission de Saint-Amand,
>>
>> Le vicomte de MONTOZON, président de la Commission de Marchiennes.

Nous avons donc été privés de ce droit que nous possédions *ab antiquo* d'avoir notre section particulière, notre administration particulière !

La conséquence de la prescription de l'ordonnance du 19 août 1831 fut que la nouvelle commission spéciale, nommée par les agissements de l'ancienne commission des *cinq*, présenta en 1834 le règlement qui nous régit encore et qui fut promulgué sous M. Martin (de Douai), alors ministre, par ordonnance royale du 16 novembre de la même année.

Notre ville n'avait cependant point démérité, mais son bureau de recettes lui fut enlevé ; elle fut dépouillée du droit qu'elle possédait depuis le vime siècle « *d'employer elle-même l'impôt spécial prélevé » sur les propriétés de la vallée inférieure de la Scarpe pour une des-» tination spéciale.* »

Toutes les lois et règlements antérieurs à l'ordonnance néfaste promulguée en 1834 avaient toujours reconnu ce droit et peut-on dire alors que nos regrets d'en avoir été dépossédé soient par trop excessifs? Pour nous ce fut une iniquité, et nos abbés ne l'auraient pas subie.

L'un des derniers préfets de l'empire, M. Vaisse, a été bien sévère pour la vallée inférieure de la Scarpe.

Ce magistrat a prétendu, en effet, dans sa haute sagesse que, proportionnellement à notre cotisation, nous n'aurions dû compter que *deux membres* dans la commission des *sept* qui siége à Marchiennes.

Il a ainsi justifié le mot *d'ingratitude* adressé par le syndicat de Marchiennes à notre conseil municipal, sans doute parce que ce conseil ne voulait point reconnaître les bienfaits que nous devions à sa généreuse administration.

M. le préfet Vaisse, réputé cependant bien habile administrateur, s'il avait tenu plus suffisamment compte de la situation topographique des lieux, aurait peut-être reconnu que les grosses dépenses faites *dans notre intérêt,* les travaux si coûteux exécutés dans notre vallée inférieure, ne l'avaient été que pour contribuer à donner une immense plus-value aux marais de la vallée centrale transformés aujourd'hui en terres arables de première classe.

Du reste, nous félicitons bien sincèrement tous les intéressés de la vallée centrale de ce résultat.

Mais M. le préfet de cette époque peut avoir perdu de vue que l'arrêté du 23 brumaire an x prescrivait formellement que la cotisation devait se faire *proportionnellement à la valeur et aux produits des terrains* rendus à la culture *par le dessèchement.*

La vallée centrale qui eut tout le bénéfice de cette plus-value ne devait-elle pas, en toute justice distributive, supporter tous les frais du dessèchement et même en exonérer complétement toutes les autres parties de la vallée?

Nos abbés, pour ces travaux exécutés dans la vallée inférieure sur notre territoire, auraient sans nul doute réclamé des compensations équivalentes.

L'un de nos derniers maires, hâtons-nous de le dire, l'honorable M. de Monchaux, dont l'administration n'a peut-être pas toujours été à l'abri de toute critique, a eu le courage de le faire.

Nous verrons plus loin ce qui lui est advenu, pour avoir loyalement, énergiquement essayé de défendre les intérêts de la ville dont il était le premier magistrat.

Mais continuons. Les travaux exécutés dans notre vallée ont sans nul doute excédé de beaucoup nos cotisations; mais tous nos fossés ou cours d'eau ne sont-ils pas toujours de véritables égouts, et la batellerie elle-même, par l'abaissement excessif des eaux de la Scarpe, n'est-elle pas agonisante?

Messieurs les concessionnaires de la Scarpe ont sans doute contribué pour quelque peu à cet état de choses si désastreux pour eux et leurs co-intéressés.

Il est vrai qu'ils ne prévoyaient pas la concurrence mortelle contre laquelle ils se débattent aujourd'hui; mais en 1840, en consentant à réduire le niveau général des eaux de la Scarpe dans tous les biefs en échange d'une réduction de travaux, ce qui était une infraction à leur acte de concession, n'ont-ils pas vendu, qu'ils nous permettent de le leur dire, leur droit d'aînesse pour un plat de lentilles?

Ils ont été malheureux, nous le savons; c'est un motif pour nous tenir dans une grande réserve à leur égard; mais les faits sont des faits, à quoi servirait-il de les cacher.

L'arrondissement de Lille a profité doublement aussi à cette époque de tout le débit d'eau dont on nous privait, en faisant à la Scarpe une saignée *extra-légale* pour grossir les eaux de la Deûle.

Nous ne sachions pas que le syndicat ait protesté contre cette réduction de nos eaux qui était peut-être un autre moyen de dessèchement des moins coûteux pour la vallée centrale.

Survint l'arrêté préfectoral de 1845, qui est devenu l'arche sainte de Messieurs du syndicat. Nous n'en sommes point étonnés, mais nous ne pouvons nous empêcher de regretter que le syndicat nous le savons, d'hommes des plus honorables, ait fait ressortir avec une trop vive satisfaction de lui-même toutes les décisions de l'autorité centrale supérieure de l'époque, qui donnaient gain de cause à toutes ses propositions ; elles n'étaient rien moins que favorables à la vallée inférieure de la Scarpe ; tous les documents que nous avons compulsés ne prouvent que trop la vérité de nos assertions.

VII

Le mode d'administration de la vallée avait été, disions-nous, profondément modifié par l'ordonnance de novembre 1834 ; mais aujourd'hui que le syndicat paraît avoir reconnu qu'une réorganisation est devenue nécessaire, qu'il la sollicite lui-même, nous dirons de suite que les intéressés de la vallée inférieure ne possèdent presque tous que de modestes héritages auxquels ils tiennent pour le moins autant, imbus qu'ils sont des principes conservateurs, que les plus gros propriétaires de la vallée centrale ou supérieure tiennent aux leurs, et qu'ils veulent les défendre.

Nous remercierions bien vivement Messieurs du syndicat s'ils déclaraient qu'il n'y aura plus de censitaire privilégié et que les petits ou grands propriétaires auront le droit de voter pour les futurs administrateurs de la vallée.

Dans notre temps d'égalité civile, le privilége comme le double vote est un anachronisme sur la terre française !

Par l'ordonnance de 1834 qui régit actuellement la vallée, les deux sections furent donc fusionnées et réunies en une seule commission qui est composée de *sept membres*.

Les trente propriétaires les plus imposés de la vallée supérieure et centrale devaient nommer *quatre membres*. Le cens électoral était fixé à 30 ou 35 hectares, soit à 45 ou 50 francs d'impôt de cotisation à 1,40 fr. par hectare.

Les trente propriétaires les plus imposés de la vallée inférieure devaient nommer *trois membres* et le cens électoral répondait à 11 hectares, soit à 16 ou 17 francs d'impôt.

C'est sur cette base reconnue aujourd'hui comme si vicieuse par le privilége qu'elle établissait en faveur de quelques gros censitaires que reposait toute l'organisation de 1834.

Ce cens électoral qui ne profitait qu'à quelques personnes nous suggère quelques réflexions qui se rattachent à la plus-value comme à la dépréciation possible de nos héritages ; elles ne paraîtront pas hors de propos à nos concitoyens, nous osons l'espérer.

Nous ne savons ce qui existe en pareille matière dans les arrondissements ou cantons voisins ; mais l'impôt cadastral, qui, dans son application équitable, aurait dû logiquement suivre les progressions de la fortune publique, n'a subi aucun changement dans nos cantons depuis 1817, malgré les vœux sans cesse renouvelés de toutes les autorités locales et du Comice agricole lui-même, au moins quand nous avions l'honneur de le présider.

Et apparemment s'il n'en a été tenu aucun compte, c'est que le bon vouloir de nos administrateurs a dû être indubitablement paralysé par l'influence supérieure des gros intérêts privés.

Cet impôt, comme celui sur les cotisatiens, se trouve donc établi de la manière la plus inégale, sans nul souci des faits qui se sont produits depuis la canalisation. Et cependant les plus simples notions de l'équité veulent que tous nous ayons notre part proportionnelle dans les charges publiques.

Un nouveau classement cadastral serait donc un acte de haute justice ; il amènerait une plus équitable répartition que celle qui existe aujourd'hui ; les ressources du trésor comme celles de nos communes s'en trouveraient indubitablement accrues.

Nous croyons nous rappeler du reste que la commission du budget de l'assemblée nationale a émis une proposition dans ce sens. Nous attendrons patiemment sa mise à exécution.

Chez nos voisins, les Belges, la révision du cadastre est décennale de par la loi.

Dans ce petit royaume, si sagement administré, quand les rapports des diverses commissions permanentes de l'industrie et de l'agriculture fonctionnant dans chaque province, démontrent qu'il y a lieu à un nouveau classement total ou partiel, la législature hiérarchiquement saisie, devance même le temps fixé par la loi et décrète une nouvelle péréquation.

Il en résulte que les provinces où les communes qui participent moins au mouvement général des affaires, ce qui amène une baisse dans la valeur de la propriété, sont tout aussitôt dégrevées,

D'autres provinces ou communes où l'industrie et l'agriculture sont plus prospères ou plus développées, viennent par un classement opportun participer dans une plus forte mesure aux charges publiques.

L'impôt proportionnel devient ainsi une vérité.

Ce cas ne se présente-t-il pas en réalité pour nos cantons et ne peut-il pas en être ainsi pour Marchiennes, Denain, Bouchain et autres lieux?

Sous le gouvernement vigilant et réparateur des abus auquel sont confiés tous les intérêts publics, il ne nous est pas interdit d'espérer, que dans un terme rapproché, des dispositions seront prises pour décréter une nouvelle péréquation cadastrale.

Nous parlions plus haut du cens électoral constitué par l'ordonnance de 1834.

Nous avons été amenés à reconnaître que plusieurs communes et des plus importantes n'eurent jamais d'électeurs.

Avec le système des délégations, le vote était dérisoire; les administrateurs pouvaient se nommer eux-mêmes.

Nous possédons la liste double des propriétaires les plus imposés appelés à élire les membres de la commission syndicale.

Celle de la vallée supérieure est composée de propriétaires payant le cens voulu.

Plusieurs de ces propriétaires figurent sur les deux listes, et ils pourraient ainsi voter dans l'une et l'autre section appelée à élire les administrateurs.

C'est ainsi qu'on a fait illégalement l'application de la loi anglaise à notre syndicat de dessèchement.

Aucun de nous n'ignore, en effet, que dans le Royaume-Uni le propriétaire ne jouit pas seulement, comme en France, de son droit de suffrage au lieu où il a son domicile, mais partout où il a un domaine.

Nous comptons donc dans notre liste plusieurs intéressés de la vallée supérieure et centrale, appelés à l'élection de nos trois administrateurs délégués.

La commune de Wallers, les pauvres de Saint-Amand, les communes de Sars-et-Rosières, Bousignies, Brillon, Millonfosse, Château-l'Abbaye, Mortagne forment sans doute plusieurs groupes, mais il ne s'y trouve aucun électeur qui paie le cens nécessaire; nous n'avons lu le nom d'aucun intéressé appartenant à ces communes.

Quelques-uns de nos plus hauts imposés sont étrangers, comme M. le duc d'Arenberg, ou très-éloignés et sans doute indifférents.

La commune d'Hasnon figure en double comme commune et possède *deux* électeurs;

Nivelles en a *un* seul;

Saint-Amand en compte *cinq* payant à peine le cens nécessaire, soit pour onze hectares 15 à 20 francs.

Le plus fort imposé de la vallée supérieure paie 383 fr. 13 cent.;

Marchiennes (ville) paie 305 francs.

Cette double liste a été dressée en exécution de l'article 4 de l'ordonnance du 16 novembre 1834, par M. le Préfet du Nord, le 15 novembre 1850.

Elle est restée la même aujourd'hui.

Est-il indiscret que nous ayons cherché à savoir par qui cette liste a été fournie à M. le Préfet de l'époque susindiquée? et ne peut-on admettre que « M. le Préfet avait une telle confiance dans » messieurs du syndicat qu'il croyait pouvoir se borner à approuver » la conclusion de leurs rapports, sans distraire de ses occupations, » bien nombreuses, il est vrai, et bien importantes, le temps néces- » saire à l'étude personnelle de ces questions? »

VIII

Il y a un fait bien regrettable à constater; c'est que la plupart de nos anciens préfets se.sont fort peu préoccupés personnellement des intérêts de la vallée de la Scarpe.

Ainsi, par exemple, l'un de ces hauts fonctionnaires charge un conseiller de préfecture de se rendre à Marchiennes, pour réunir sous sa présidence les maires de toutes les communes intéressées, au nombre de 49.

Aucun de messieurs les 49 maires convoqués ne manque à cette réunion. Ils devaient examiner les plans d'arpentage de leurs com- munes respectives, prendre des décisions sur les terres qui devaient être soumises à la cotisation et celles qui leur paraîtraient devoir être exemptées.

Messieurs les maires arrivés la veille repartirent le lendemain; leur travail fut bâclé en quelques heures et ils avaient à statuer sur le sort de 10,600 hectares répartis entre 49 communes !

C'est un maître de requête au Conseil d'État de l'époque qui signale ce fait abusif et irrégulier qui a duré plusieurs années; nous ne faisons qu'employer son langage.

Une autre bizarrerie s'est passée de nos jours.

L'honorable ingénieur en chef, M. Lamarle, l'un des hommes les plus éminents du corps des Ponts et Chaussées, signale dans deux rapports motivés avec la supériorité de science qui était l'apanage de ce savant ingénieur, qu'une commune récalcitrante de la vallée supérieure, Raimbeaucourt, voulait se dérober à l'impôt, bien qu'elle profitât aussi bien que les autres parties de la vallée, des travaux de dessèchement.

Cet ingénieur en chef vit écarter ses deux avis motivés par M. le sous-préfet de Douai qui crut devoir demander l'avis très-peu explicite, du reste, d'un agent-voyer inférieur, M. Dislère.

C'est sur cet avis que le conseil de préfecture motiva un arrêté qui prononça l'exemption de taxe en faveur de cette commune.

Mais poursuivons notre étude.

A la suite de cette ordonnance du 16 novembre 1834, la vallée inférieure de la Scaape ne put même se faire représenter.

Elle ne pouvait trouver de mandataires pour aller à Marchiennes défendre une cause perdue d'avance.

De nombreuses réclamations surgirent à différentes reprises, et notre conseil municipal, rendons-lui cette justice, fut toujours le premier à les faire valoir.

La majorité de la commission du syndicat inféodé à l'arrondissement de Douai, comme l'était autrefois l'administration des *cinq inamovibles*, crut devoir alors mettre un certain empressement, apporter une certaine bonne grâce pour faire droit à ces réclamations émanées des propriétaires de l'arrondissement de Valenciennes.

La commission *unique* alla même jusqu'à proposer d'attribuer *alternativement trois* et *quatre* membres du conseil d'administration à Saint-Amand et à Marchiennes.

Cette concession illusoire n'aurait pu amener que des résultats négatifs par suite des rivalités existantes.

Un pouvoir impartial et modérateur comme celui d'un ingénieur délégué par le préfet, un Bailli des Eaux, si l'on veut, eut été indispensable pour faire taire les rivalités.

Ce *modus vivendi* n'aurait donné tour à tour qu'une prépondérance de surprise à Saint-Amand ou à Marchiennes. Encore est-il probable qu'avec le mode d'élection employé cette majorité avait grande chance de toujours rester acquise à la vallée centrale et supérieure.

Les gros intérêts privés l'auraient indubitablement emporté sur les petits intérêts par trop disséminés et moins soucieux du lendemain.

L'ordonnance de 1834 qui maintenait en minorité perpétuelle la vallée inférieure continua à régir la vallée entière et le syndicat de Marchiennes put disposer presque sans contrôle des ressources provenant des 17,000 parcelles de terres soumises à la cotisation dans l'arrondissement de Douai et de Valenciennes.

Les réclamations surgirent alors de toute part, et il devenait de plus en plus urgent de mettre un terme à cette situation des plus regrettables.

Le conseil municipal de la ville de Saint-Amand s'en émut au plus haut degré et en fit l'objet de ses plus sérieuses délibérations dans ses séances du 29 novembre 1849 et 9 août 1850.

Ce conseil, lui aussi, tenait à affirmer son indépendance en soutenant une juste cause ; il voulait soustraire la vallée inférieure de la Scarpe à l'excès de centralisation administrative qui entrave les réformes les mieux justifiées.

Le conseil d'arrondissement de Valenciennes, dans la plénitude de son indépendance en 1850, prit également cette affaire à cœur ; après une discussion des plus approfondies, il émit le vœu motivé d'en revenir à l'ordonnance du 30 novembre 1825, qui aurait dû rester notre charte inviolable.

Si à quelque temps de là ce conseil d'arrondissement se déjugea, ce qui lui valut les plus grands éloges du *syndicat unifié* de Marchiennes, attribuons plutôt ce moment de défaillance pour sa propre cause au régime autoritaire, politique et administratif qui commençait à peser sur toute la France d'une manière si oppressive, qu'il finit par abaisser le niveau des vertus civiques en ne laissant à personne le droit de parler ni d'écrire que selon son bon plaisir.

Le conseil général en 1849 s'occupa aussi des intérêts si compromis et si négligés de la vallée inférieure de la Scarpe et en fit l'objet de ses délibérations.

Deux de ses membres les plus autorisés par la parfaite connaissance de tout ce qui s'était passé à Marchiennes depuis plusieurs années, nous nommons l'honorable **M.** Desespringalles, ancien président de la section de Saint-Amand, et son collègue , **M.** Beauvois, de Valenciennes, protestèrent énergiquement contre le déni de justice qui avait été fait aux réclamations si légitimes de la vallée inférieure de la Scarpe ; et malgré l'opposition de **M.** le vicomte de Montozon, leur collègue, devenu président de la commission unique, le conseil général décida le renvoi de la question à **M.** le préfet du Nord.

Ce fut le seul résultat de ce suprême effort.

De grands événements politiques se préparaient en France qui firent perdre un moment de vue les intérêts en souffrance des petites communes.

La décentralisation administrative, réduite aux proportions les plus microscopiques , sonnait mal à l'oreille de nos gouvernants. Nous allions traverser une longue époque où toute apparence d'opposition, toute initiative généreuse devait être, par ordre supérieur, systématiquement écartée, dédaignée et proscrite, à de rares exceptions près, quand elle n'émanait pas du maître ou de son conseil privé.

IX

Il nous importe de déclarer, avant de donner suite à notre *Ètude* comparative, que nous n'entendons faire aucune personnalité et que nous nous efforcerons d'apporter toute la courtoisie possible envers nos adversaires, dans l'expression de notre pensée sur la situation actuelle telle qu'elle nous paraît découler des points que nous avons exposés, basés sur les faits qui se sont passés depuis 1852.

Nous déclarons d'abord que nous ne cesserons pas de revendiquer les droits qui nous ont été enlevés par faiblesse ou par surprise.

Il s'est passé vingt-trois années depuis lors et pendant cette période, nous sommes fiers de le constater, toutes les administrations qui se sont succédées dans notre ville, qu'elles aient été composées de citadins ou de ruranx, ont toujours protesté avec une persévérance qui les honore contre l'usurpation de ces droits séculaires.

Entrons maintenant dans quelques autres détails. La partie

inférieure de la Scarpe, depuis la ferme de Hunay, près Warlaing, où se trouve la borne de séparation des deux arrondissements, soit le bief de Warlaing à Saint-Amand et le bief de Saint-Amand à Thun, près Mortagne, dessert presqu'en totalité une superficie générale s'élevant à 17,107 hectares avec une population de 35,000 habitants environ, formant dix-sept communes qui entrent pour les quatre cinquièmes dans la cotisation locale établie sur les 10,600 hectares soumis à l'impôt.

Quelques-unes de ces communes sont riveraines de l'Escaut qui, d'Hergnies (canton de Condé) par Bruille, Mortagne et Flines (canton de Saint-Amand), se dirige vers Antoing où se trouve établi le fameux barrage qui joue un rôle si important dans tout notre système hydraulique et de navigation.

Toutes ces communes sillonnées par de nombreux petits canaux forment les deux cinquièmes à peu près du parcours de la vallée, soit 16 kilomètres sur 36.

De Warlaing à Marchiennes et sur toute l'étendue du bief de Lalaing, vers Râches et Douai, la canalisation décrétée par la loi du 11 avril 1835, a produit les plus brillants résultats.

La Scarpe canalisée, comme cela s'est remarqué dans tous les travaux analogues, a fait office de canal de dessèchement avec le Décours et la Traitoire auxquels il sert pour ainsi dire de grand collecteur.

Le syndicat de Marchiennes a parfaitement bien compris tout le parti qu'il pouvait tirer de cet état de choses pour les intérêts qu'il représente ; et il n'a pas tardé à vouloir élargir outre mesure le cercle de ses attributions.

C'est ainsi qu'est intervenu en 1840 l'arrangement entre le concessionnaire et le syndicat, pris à l'insu de la ville de Saint-Amand, arrangement approuvé par M. le préfet d'alors, sous la date du 16 juillet de la même année.

La ville de Saint-Amand n'eut connaissance que longtemps après de cet arrangement qui donnait au concessionnaire l'autorisation de réduire le cube des terrassements qui lui étaient imposés par la loi du 11 avril 1835, en faisant au syndicat cette concession, qui lui est devenue si préjudiciable à lui, d'abaisser le niveau de tous les biefs depuis Lalaing jusqu'à Saint-Amand. C'est peut-être le cas de dire « Passez-moi la rhubarbe, je vous passerai le séné. »

Les concessionnaires ne croyaient pas alors avoir à redouter de concurrence, et ils réalisèrent de gros bénéfices dans les premières années de l'exploitation.

Disons, en passant, que les cinq actions au capital nominal de 1,000 francs remboursables par tirage, léguées à l'hospice des orphelines de Saint-Amand par la générosité de feue Madame Delatour-Renique ont rapporté jusqu'à 7 et 800 francs et plus, intérêt et dividende, et que ces actions réduites à trois, par le remboursement au pair de deux numéros sortis de l'urne, ne donnent absolument plus rien à l'hospice depuis 1871.

Messieurs les concessionnaires déclarent qu'ils peuvent à peine faire face au paiement du remboursement des actions sorties et aux frais d'entretien les plus urgents.

Marchiennes n'avait aucune raison pour jalouser cette prospérité première de la compagnie concessionnaire dont il profitait au plus haut degré.

Les recettes de l'État furent centuplées sur le parcours de la vallée, M. le président du syndicat le constate dans un rapport extrêmement remarquable par lequel il nous apprend que le canton de Marchiennes, par exemple, pour une superficie de 9,312 hectares et une population de 16,547 habitants ne payait en 1835, *avant la canalisation,* que 63,263 francs d'impôts indirects, et qu'en 1863 cet impôt, dans ce canton, avait atteint le chiffre de 1,121,225 fr., sa population s'étant accrue dans l'intervalle de 3,376 habitants.

Nous serions satisfaits assurément d'un pareil accroissement de richesse dans le canton de Marchiennes si le syndicat ne signalait avec une certaine complaisance un état de stagnation, sinon de décadence dans la fortune publique d'un canton voisin.

Le canton d'Orchies, qui n'est pas soumis à la cotisation, et dont la superficie territoriale est de 9,908 hectares, dépassant ainsi de

596 hectares la superficie du canton de Marchiennes et inférieur de 7,199 hectares à celle des cantons de Saint-Amand, rive gauche et rive droite de la Scarpe, renfermait, avant la canalisation, une population de 17,257 habitants et payait 219,129 francs d'impôts indirects, c'est-à-dire 155,866 francs de plus que le canton de Marchiennes.

En 1863, le canton d'Orchies, accru de 1221 habitants, ne payait plus que 152,628 francs d'impôts, soit 968,517 francs de moins que le canton de Marchiennes.

Les chiffres bien élevés donnés par les nouveaux administrateurs de la société de la Scarpe doivent donc cesser de nous paraître exagérés.

L'impôt indirect que paie le canton de Marchiennes constate un haut degré de prospérité locale. Les fièvres paludéennes ont disparu; la salubrité publique dans son ensemble laisse peu à désirer, etc., etc.

Ces détails sont extraits des archives du syndicat siégeant à Marchiennes.

De la ville de Saint-Amand le syndicat s'occupe fort peu; et s'il en parle c'est pour lui reprocher son ingratitude pour tous les bienfaits dont la vallée inférieure est redevable à la sollicitude de messieurs de Marchiennes.

Nous avons le devoir, nous riverains de cette vallée inférieure si généreusement administrée, d'attirer l'attention de l'autorité centrale supérieure sur ce fait que les deux cantons de Saint-Amand, malgré leur large part dans la cotisation (1), ne participent que de bien loin à ce double bienfait de l'accroissement de la fortune et de la salubrité publique. Le chiffre de notre population est resté stationnaire s'il ne décroît pas; voilà ce qui a été établi par notre dernier recensement; nous avons l'infini regret de devoir le constater.

(1) Voir l'intéressant et savant mémoire de M. Dutouquet, architecte, 1873-1874.

X

L'intérêt humanitaire est d'un ordre si élevé pour nous qu'il prime tous les autres, et nos concitoyens nous sauront peut-être gré de leur donner un extrait d'un travail, qu'il serait, croyons-nous, très-important d'étendre à toutes les communes de notre canton.

Nous devons cet extrait à la parfaite obligeance de l'ancien secrétaire municipal de la ville de Saint-Amand, le si modeste et si honorable M. Lorthioir, qu'il nous pardonne de citer son nom.

Ce travail embrasse une période de cinq années — 1857 à 1862 — période pendant laquelle a cessé presque complétement tout travail d'amélioration, de curage et d'assainissement des cours d'eau de la vallée inférieure.

Ainsi le hameau du Mont-des-Bruyères est traversé en tout sens dans sa partie basse par les sinuosités de la Traitoire.

Le hameau qui lui est contigu, la Croisette, se trouve hors de tou contact avec ce canal de dessèchement.

Le Mont-des-Bruyères, par sa proximité du bois de l'État, par son altitude supérieure se trouve dans les meilleures conditions hygiéniques possibles.

Il renferme une population de 896 habitants, 206 maisons, 207 ménages.

La moyenne de la longévité humaine dans ce hameau, cela est profondément regrettable à constater, ne dépasse pas 25 ans !

Le hameau de la Croisette, placé également dans le voisinage du bois de l'État, mais dans des conditions hygiéniques moins avantageuses, renferme une population de 582 habitants, soit 130 ménages; 130 habitations.

La moyenne de la longévité dans ce hameau dépasse 40 ans ! Nous ne parlons pas de Cubray son frère jumeau.

Les hommes de science affirment que les épidémies suivent le plus généralement les cours d'eau et se propagent dans leur voisinage.

Or, il est de notoriété publique que le Mont-des-Bruyères a toujours été la première victime des maladies contagieuses qui ont affligé notre contrée.

Les hommes de science déclarent aussi que la pureté des eaux est d'une importance capitale pour la santé des hommes et des animaux.

A quelle autre cause qu'à celle de l'insalubrité de nos eaux provenant de l'incurie qui préside au curage de nos rivières et fossés pourrait-on attribuer cette fatale différence de 15 ans dans l'existence moyenne de deux populations voisines?

Nous avons signalé dans son temps cet intéressant petit travail à quelques membres de notre commission sanitaire.

Le premier magistrat de notre arrondissement, M. le sous-préfet de Valenciennes, s'en est vivement préoccupé, et la commission sanitaire a fait quelques recherches.

La question de la salubrité des eaux rentre dans le cadre de notre étude; elle nous paraît bien grave et par cela même peut nous entraîner bien loin. Nous nous efforcerons d'être sobres de détails à son sujet, mais au risque d'être un peu longs, nous avons le devoir de faire connaître à nos concitoyens le résumé du travail de la commission sanitaire. Il y va de leurs plus précieux intérêts. Nous croirons acquitter ainsi une dette de reconnaissance pour leur indulgence qui ne nous a point fait défaut pour notre notice sur la *Gare au Clos*, quelqu'ait été son peu de mérite.

La commission s'est d'abord demandé si la concentration d'une famille dans un espace trop restreint, n'était pas une cause de cette grande mortalité du hameau du Mont-des-Bruyères.

Mais il a été établi que d'autres hameaux comptant des populations bien autrement condensées se rapprochaient plutôt du hameau de la Croisette comme longévité.

La population charbonnière qui occupe le haut du Mont-des-Bruyères a été minutieusement inspectée, elle représente le cinquième environ de la population totale du hameau, soit 40 familles.

Nous avons consulté le si honorable et si intelligent médecin,

M. Deneux, attaché à la compagnie houillière, qui leur prodigue les soins les plus affectueux; il nous a dit que la Société charbonnière de Vicoigne s'impose de très-grandes charges pour le bien-être moral et matériel de ses ouvriers; ils arrivent à l'âge le plus avancé; leur famille vit dans une aisance relative très-supérieure.

La commission s'est préoccupée des Routoirs, considérés comme établissements insalubres de première classe, dans lesquels nous faisons rouir nos chanvres.

Les routoirs sont plus nombreux à la Croisette—Cubray, eu égard à la population; il s'en trouve 15 à 16. — Il y en a 17 au Mont-des-Bruyères.

La commission sanitaire a conseillé quelques mesures de précaution pour empêcher l'écoulement dans nos rivières des eaux corrompues par les substances gommo-résineuses en putréfaction dans nos routoirs. Ces mares sont l'un des plus précieux moyens d'existence pour nos familles campagnardes.

Nous n'avons pas de mendiants à la Croisette !

Le chanvre roui donne du travail aux plus petits enfants dans les longues soirées de l'hiver.

Le travail c'est l'extirpation du paupérisme; c'est aussi comme le seraient les écoles primaires élémentaires, si nous en possédions, le point d'arrêt de la dépopulation de nos campagnes!

Nous sommes donc autorisés à admettre que la principale cause du mal gît dans l'abaissement successif de nos niveaux d'eaux qui a transformé nos canaux en véritables égouts.

Cet abaissement exagéré de nos eaux paraît produire les résultats les plus heureux pour les propriétaires de la vallée centrale et supérieure. Aussi le syndicat le déclare-t-il franchement : « Jamais il ne » s'est demandé si les travaux étaient trop nombreux, trop étendus, » trop coûteux, hors de proportion avec l'apport de la section de » Saint-Amand dans l'association des intéressés de la vallée. »

Le syndicat de Marchiennes a voulu que la vallée inférieure qui reçoit toutes les eaux de la vallée centrale et supérieure fut en mesure de les débiter en vue du dessèchement de ses marais.

L'élargissement et l'entretien de quelques-uns de nos canaux, la multiplication des travaux d'art dans notre vallée inférieure n'a point eu d'autre but et telle a été immuablement la règle de l'administration du syndicat depuis 1835.

Notre conseil municipal ne s'y est pas trompé quand il a réclamé avec tant d'instance pendant des mois entiers le relèvement de nos niveaux d'eau pendant les grandes chaleurs de l'été. Notre terroir avait soif de cette eau qui ne nous était donnée qu'avec regret et de la manière la plus parcimonieuse.

Le conseil aussi n'a accepté que sous bénéfice d'inventaire le budget si bien aligné par le syndicat de Marchiennes et qui porte comme ayant été dépensé, *pour notre intérêt particulier*, une somme de 13,832 fr. 28 cent. depuis 1840 jusqu'en 1866, somme qu'il dit être de beaucoup supérieure à notre cotisation.

Nous déclarons n'être nullement édifiés sur cette dépense faite à notre profit, et le si remarquable travail de M. Dutouquet, d'Hasnon, justifie en tout point notre appréciation.

La nouvelle administration de la compagnie de la Scarpe ne vient-elle pas, elle aussi, de rappeler au syndicat de Marchiennes qu'en réalité il n'a jamais voulu faire autre chose que de transformer les marais de la vallée centrale qui n'avaient aucune valeur avant la canalisation, en terres arables qui valent aujourd'hui 10 à 12,000 fr. l'hectare, sans tenir compte d'aucun autre intérêt, sans nul souci de la batellerie qui abandonne de plus en plus nos parages, par insuffisance de mouillage. Mais cela importe peu au syndicat.

Messieurs les concessionnaires de la Scarpe ont beau déclarer que messieurs les ingénieurs des ponts et chaussées, ces hommes si compétents et si impartiaux chargés du service hydraulique, ont repoussé à plusieurs reprises toutes les prétentions du syndicat de Marchiennes ; la commission de l'assemblée nationale nommée à cet effet, le Conseil général du Nord représenté si dignement par M. le préfet actuel, déclarent-ils que le syndicat abuse de ses droits de surveillance sur le niveau des eaux de la vallée centrale et inférieure, et qu'il n'y a pas lieu de donner suite aux nombreux procès-verbaux intentés aux éclusiers de la compagnie de la Scarpe, etc., etc.

Le syndicat considère toutes ces réclamations, toutes ces décisions comme nulles et non avenues et il obtient deux décisions ministérielles des 21 et 23 janvier 1875, qui apportent pour toute réponse une contradiction inattendue.

La première de ces décisions refuse le redressement des erreurs matérielles de niveau et la révision du règlement général de navigation ; la deuxième oblige M. le préfet du Nord à exercer contre les éclusiers les poursuites qu'il avait refusées.

L'administration du canal de la Scarpe déclare qu'elle soumet sa cause à l'appréciation de la conscience publique et qu'elle est disposée à défendre ses éclusiers par tous les moyens légaux.

Mais poursuivons notre étude.

Le compte-rendu de Messieurs les nouveaux administrateurs expose d'une manière saisissante tous les bienfaits produits par la canalisation de la Scarpe.

La ville de Lille y a trouvé une économie sur les frais de transport seulement, que la Chambre de commerce évaluait le 27 décembre 1839 à 400,000 francs par année ;

Le département du Nord une économie semblable sur les mêmes frais, que M. Lamarle, ingénieur des ponts et chaussées, évaluait le 28 octobre 1841 à 1,792,290 francs 36 centimes par année ;

La vallée de la Scarpe une plus-value dont elle profite seule, et qui, décuplant la valeur du sol, en a porté le prix de 7 millions à 70 millions ;

Et l'État, enfin, un excédant de produits qui a porté les impôts directs de la vallée de 661,796 fr. 15 cent. en 1835 à 1,522,155 fr. 71 cent. en 1873 ; et les impôts indirects de 640,863 fr. 42 cent. à un total annuel qui, pour l'année 1872-1873, comprend parmi ses éléments une contribution pour dix-huit fabriques de sucre seulement de 13 millions 225,713 fr. 58 cent.

L'État est appelé à profiter de plus en plus largement des bénéfices de la loi de 1827 sur les dessèchements et assainissements des vallées par les canaux ou rivières qui les traversent.

Cette loi de 1827, promulguée sous le ministère de Villèle, est des plus généreuses et des plus libérales sans doute, mais beaucoup moins encore que ne l'était le fameux édit de 1599, promulgué sous le règne de Henri IV, par l'immortel Sully.

Cet édit provoqué par l'ami et.le confident de ce grand ministre, l'illustre Olivier de Serres, accordait *en toute propriété*, à ces entreprises, la *moitié de la plus-value* des terres rendues à l'agriculture.

XI

Nous avons lu quelque part, dans un travail intitulé : « *Considérations à l'appui de quelques travaux de dessèchement*, par M. D. Couplet, de Marchiennes » qu'il y avait en 1868, en caisse comme réserve une somme de 70,000 francs provenant des cotisations, sans aucun travail voté en 1867. Pareille réserve existe peut-être encore.

M. Dutouquet, dans son Mémoire imprimé à Valenciennes le 10 novembre 1873, n'hésite pas à rendre le Syndicat responsable de tous les dégâts qui se sont produits par les inondations, etc., etc.

M. Dutouquet indique savamment les moyens d'y remédier ; il affirme que la dépense ne dépasserait pas 40,000 francs ; il déclare, dans un second Mémoire également des plus remarquables adressé à M. Vandendriesse, maire d'Hasnon, que l'impossibilité financière tant de fois invoquée contre le dessèchement naturel par la Traitoire n'existe pas, et il engage M. le maire d'Hasnon à protester et à faire toutes les démarches nécessaires pour éclairer l'administration supérieure sur les véritables intérêts du pays.

Il ajoute que le syndicat n'a pas un personnel organisé pour suffire à régler les vannes, etc.

M. l'architecte Dutouquet déclare encore que la commune d'Hasnon a de tout temps payé la plus large part des impôts pour les travaux d'entretien des canaux de dessèchement.

Avec l'emploi judicieux de nos ressources respectives, nous pourrions donc soustraire notre contrée à de nouvelles inondations possibles.

Nous ne verrions plus nos ponts, nos vannes, nos ponceaux si mal entretenus ; nous ne citons que celui de la Puchoie, au rivage du Noir, qu'il était impossible tout récemment encore de traverser sans le plus grand danger.

Citons ce fait : la ville vend quelques arbres au delà de ce pont ; c'était en février (notre mémoire ne nous rappelle pas la date, mais nous avons lu la correspondance à ce sujet). Les acquéreurs font tout aussitôt abattre et font observer à la ville que ce pont sur lequel ils devaient passer présentait sur le tablier un gouffre béant de telle grandeur qu'un homme aurait pu y disparaître.

La ville réclame la restauration de ce pont, ce qui devait coûter 8 à 10 francs au plus, ne voulant pas prendre ce travail à sa charge dans la crainte d'un procès-verbal en bonne et due forme de la part du syndicat, comme usurpation d'attribution.

Le syndicat attend plusieurs mois avant de répondre à la ville ; mais il paraît qu'il avait écrit tout aussitôt à M. le préfet du Nord pour obtenir l'interdiction du passage.

Les acquéreurs continuent à demander à la ville de leur livrer passage sur ce pont.

La ville insiste de nouveau. Le syndicat ne répond même pas, mais il a le pouvoir de faire intervenir Monsieur le préfet, alors qu'il ne s'agissait que d'une insignifiante dépense de quelques francs. Monsieur le préfet du Nord, qui était M. le baron Séguier, ignorant peut-être que la ville eut réclamé à Marchiennes pour cette pauvre petite affaire, écrit à Monsieur le maire de Saint-Amand de ne laisser passer sur ce pont qu'*un seul arbre* à la fois, et de rendre *responsables de tous les dégâts possibles les acquéreurs des arbres !*

Tous les rapports de nos gardes-champêtres ont été unanimes pour établir que toutes les œuvres d'art sur nos cours d'eau se trouvent dans le plus grand état de délabrement.

Les plus urgents de ces travaux d'entretien, ponts, ponceaux, vannes, etc., qui incombent au syndicat ont été bien des fois réparés par la ville, fatiguée d'attendre le remède qui arrivait toujours trop tard.

Conjointement avec nos canaux et nos rivières de dessèchement, qui pendant les chaleurs parfois excessives de l'été ne charient plus que de maigres filets d'eau sale qui vont comme par habitude se déverser dans le grand collecteur commun, la Scarpe presque réduite à ce seul rôle par le ralentissement de la navigation de plus en plus prononcé, devient le réceptable de détritus de toute nature ou de matières en décomposition qui activent la végétation et l'accroissement des herbes marines obstruantes.

Une navigation active fait office de draguage, débarrasse le lit d'une rivière et cet état de choses n'existe plus.

L'envasement de la rivière incessamment augmenté par la décadence de la navigation ne peut que prendre des proportions de plus en plus inquiétantes pour tous les intérêts engagés.

Tous nos autres cours d'eau sur les bords desquels se trouvent établis de nombreux établissements industriels, trop peu surveillés par la commission sanitaire, ne donnent à nos abreuvoirs que des eaux fétides et malsaines ; et ces eaux sont devenues fatalement l'une des causes, sinon la seule cause malheureusement trop peu remarquée des maladies épidémiques, pestes bovines ou autres qui ont dépeuplé nos étables.

Nous pourrions citer des faits nombreux qui viendraient confirmer ce que nous avançons. Nous pourrions parler de la Mérelle, de l'Elnon et l'Ivron, de la Riviérette, du Manqué, du *Manqué* surtout, qui ne sont plus que des écoulements d'eau malsaine ou des égouts infects ; de nos fermes les mieux tenues si souvent victimes de l'insalubrité de nos eaux ; de nos pisciculteurs qui, faute d'eaux limpides, ne peuvent plus repeupler nos rivières ou nos étangs.

Mais ces détails nous écarteraient par trop de notre *Étude comparative* et nous craindrions d'abuser de l'indulgence de nos lecteurs.

Parlons de l'épidémie de 1866.

Notre conseil municipal renouvelle alors ses instances dans un intérêt suprême de salubrité publique et il accomplit ainsi un de ses plus graves devoirs.

Ce devoir, l'honorable maire, décédé depuis, l'a rempli courageusement en s'inspirant de l'énergie de nos anciens abbés.

Au nom du conseil il réclame une surélévation d'eau de 23 centimètres reconnue complétement inoffensive par plusieurs propriétaires eux-mêmes de la vallée centrale et supérieure.

Nos cours d'eau auraient été ainsi grossis par le volume d'eau supérieur de la Scarpe porté à 1^{m}73 de mouillage, ce qui aurait permis en même temps à un bateau transportant 244 tonnes de pierriers d'aller s'amarrer au quai Repert, porte de Valenciennes.

Après avoir longtemps résisté, le syndicat de Marchiennes cède aux instances générales; mais s'attribuant un pouvoir presque souverain avec le haut appui de l'autorité centrale de l'époque qui lui était acquis envers et contre tous, il se déjuge et retire quelques semaines après ce qu'il avait été contraint d'accorder quinze jours avant.

Assurément nos abbés, même dans les plus mauvais jours, auraient été plus généreux que messieurs du syndicat, et ils n'auraient pas refusé de donner un peu d'eau à ceux qui en avaient tant besoin. Les questions humanitaires ne doivent-elles pas primer toutes les autres?

C'est alors que M. le maire de St-Amand fit quelques recherches. Il découvre que ce niveau d'eau inférieur, maintenu si rigoureusement et avec un soin si jaloux, niveau si contraire à la salubrité publique de la ville, et des cantons de Saint-Amand, n'est pas celui fixé par la loi du 11 avril 1835.

D'abord, il fait constater par les ingénieurs hydrauliques que le concessionnaire ne s'est pas conformé aux prescriptions de son acte de concession, et c'est ainsi que le conseil municipal eut connaissance de la transaction du 12 mai 1840, intervenue entre le syndicat et les concessionnaires de la Scarpe, à l'insu de la ville de Saint-Amand dont ils ne daignaient pas même se préoccuper.

Notre courageux maire déféra cette infraction au Conseil d'État. Il avait épuisé tous les autres moyens de conciliation; la haute protection de Monsieur le préfet du Nord était acquise à Messieurs du syndicat de la vallée centrale, et peu leur importaient nos réclamations sans cesse réitérées et sans cesse repoussées systématiquement.

Après une instruction de plusieurs années, dans sa séance du 5 août 1870, qu'on veuille bien se rappeler cette date, la section du contentieux au Conseil d'État prend connaissance du dossier et surtout aussi de la requête sommaire à lui adressée par le syndicat siégeant à Marchiennes.

Mais déjà par arrêté préfectoral en date du 27 décembre 1869, statuant sur la contestation entre la ville et le syndicat, ce dernier avait été mis hors de cause.

Par un autre arrêté préfectoral portant également la date du 27 *décembre* 1869, et devançant ainsi de 8 mois, croyons-nous, le jugement rendu par le Conseil d'État, les dépens à charge de Saint-Amand sont fixés à 1,998 francs et 30 centimes.

La ville de Saint-Amand est déboutée de ses réclamations et est condamnée aux dépens par le Conseil d'État.

Cette condamnation porte la date du 19 *août* 1870 et est signée :

EUGÉNIE, Imp. régente.

Contre-signé : ÉMILE OLLIVIER.

Dans les événements si graves et si douloureux qui se passaient alors, on ne peut s'empêcher de faire quelques réflexions sur ce jugement rendu le 19 août 1870 !

Chose des plus étranges : la ville de Saint-Amand avait réclamé 80,000 francs de dommages et intérêts, somme réputée nécessaire pour les travaux à exécuter dans un intérêt supérieur de salubrité publique afin de n'être plus privée d'eau pour l'avenir.

La ville rendait solidaires :

1° Le gouvernement pour sa prise d'eau illégale dans la partie supérieure de la Scarpe au bénéfice du canal de la haute Deûle et de ville de Lille;

2° Le syndicat pour ses refus d'eau systématiques et un abaissement de niveau de 10 centimètres contrairement à loi de concession du 11 avril 1835, en compensation de la faculté laissée aux concessionnaires, MM. Bayard de la Vingtrie et Cie, de réduire le cube des terrassements prescrits par cette même loi de concession ainsi violentée ;

3° Les concessionnaires pour s'être dérobés aux prescriptions de ladite loi de concession de 1835.

Lorsqu'il s'est agi du paiement des dépens, les deux tiers ont été mis à charge de l'on ne sait qui : du concessionnaire, du syndicat ou de l'État? Ou bien remise en a-t-elle été faite à la partie condamnée?

L'autre tiers seulement soit 666 fr. 10 centimes a été payé par la ville le 19 juin 1872, sur l'état présenté par les héritiers du géomètre, chargé des travaux de vérification des niveaux.

Les comptes de la mairie de Saint-Amand ne nous ont fourni aucun autre renseignement ; nous n'avons fait que copier presque littéralement ce que nous racontons.

XII

A la question de la réorganisation du syndicat de la vallée s'en joint une autre qui lui est intimement rattachée et qui la prime à beaucoup d'égards, nous croyons l'avoir démontré.

C'est celle de la navigation de la Scarpe.

Nous n'avons pas à nous occuper de la question technique, nous reconnaissons notre insuffisance.

Messieurs les ingénieurs, comme aussi Messieurs les concessionnaires ont du reste élucidé cette question.

Ils admettent et ils déclarent que depuis la reprise du canal de la Sensée par l'État qui a tout aussitôt porté à 2 mètres le mouillage de ce canal, la navigation de la Scarpe canalisée si prospère à son début est dans le plus grand péril aujourd'hui.

En effet, par suite de la décadence de la navigation, l'administration devait devenir fatalement plus personnelle, étroite, parcimonieuse et elle en est arrivée à cette fin que nous a fait connaître le jugement du tribunal de la Seine en date du 5 mars 1872.

L'État ne peut vouloir que l'une des voies les plus importantes du réseau de la navigation du Nord puisse disparaître et avec elle la prospérité de notre agriculture qui a le plus suprême besoin de la navigation de la Scarpe autant et plus encore que l'industrie établie sur ses bords.

Avec la profondeur réglementaire actuelle de 1^{m}50, tandis que sur l'Escaut, la Sensée, la Deûle, le canal de Roubaix qu'il a racheté, les bateliers trouvent un minimum d'enfoncement de 1^{m}80, toute concurrence est impossible pour la Scarpe qui sera de plus en plus délaissée.

Le frêt est des plus élevés; c'est un dernier moyen pour les concessionnaires de se traîner un peu plus longtemps.

Ce n'est pas seulement la réduction et l'égalité des taxes sur tous les canaux que nous sollicitons, c'est bien plus encore l'égalité de mouillage qu'il importe d'établir à tout prix.

L'un est le corollaire de l'autre.

Ainsi un bateau arrive dernièrement de Lessines (Belgique), pour faire escale à la porte de Condé et y décharger le pierrier nécessaire aux accotements de l'une de nos grand'routes.

Le parcours de Lessines à Ath, d'Ath à Blaton, de Blaton à Saint-Amand avait duré huit à neuf jours.

Le chargement n'excédait pas 244 tonnes, si même il atteignait ce chiffre.

Rien de plus facile pour le batelier de remonter l'Escaut, de rentrer en Scarpe à Mortagne. En aval du bief de Thun, il avait trouvé pour son chargement un enfoncement suffisant qu'il évaluait à 1^{m}73 de profondeur.

Mais il ne put dépasser le point appelé *Pannerie Barbieux*, situé en aval de l'écluse de la porte de Condé, et il dut s'alléger d'un quart de sa marchandise très-pondéreuse, ce qui a ajouté aux frais de navigation de toute nature s'élevant à 7 ou 800 francs, soit à 3,50 fr. par tonne, un supplément de charriage de 50 à 60 mètres cubes de pierriers qui ont surchargé ses frais de telle manière que son voyage fut absolument improductif. — Ce qui écartera à tout jamais ce batelier de nos eaux.

Un de nos grands industriels nous disait qu'il en était ainsi pour le charbon qui n'arrivait qu'avec les plus grandes peines dans le voisinage de sa sucrerie, de ces sucreries qui rehaussent tant la valeur de nos champs et de nos produits agricoles, si souffrantes aujourd'hui!

Pour vivre en attendant mieux, les amendes et les procès-verbaux pleuvent sur messieurs les concessionnaires ou leurs agents.

Quand les éclusiers s'avisent d'augmenter le mouillage de quelques centimètres de plus, alors que la compagnie en a tant besoin pour remplir ses engagements, alors que cet exhaussement du niveau de nos eaux, selon la déclaration des hommes les plus compétents, ne peut occasionner le plus léger dommage aux intérêts que représente le syndicat, à quelle fin, dirons-nous, ce déploiement de rigueurs qui ne peut que hâter la ruine de la navigation sur notre rivière en écartant tous les bateliers.

Dans les premières années de la canalisation, les bateliers préféraient, même avec un fret supérieur, la Scarpe à la Sensée à cause du grand raccourcissement du trajet vers le point d'arrivée. Ils y trouvaient un bénéfice.

Le tonnage annuel de 1835 à 1857 s'est élevé en moyenne à 685,000 tonnes sur la Scarpe.

Mais en 1863, après l'approfondissement du canal de la Sensée, il descendaït déjà à 180,000 tonnes.

Les recettes qui en 1857 s'élevaient encore à 360,000 francs étaient réduites en 1863 à 203,000 francs, soit une diminution de 153,000 francs. La diminution des recettes n'a fait que s'accentuer de plus en plus, à ce point qu'il n'y a plus depuis 1871 ni intérêts ni dividendes pour les actionnaires.

En 1863, le gouvernement après la reprise de la Sensée porta tout aussitôt le mouillage de ce canal à 2 mètres et son tirant d'eau régulier à 1^{m}80.

Les bateliers aujourd'hui doivent donc nécessairement abandonner la Scarpe qui n'a qu'un enfoncement réglementaire de 1^m50, et malgré le parcours beaucoup plus long par la Sensée, ils préfèrent suivre cette voie pour arriver vers Lille, Dunkerque ou Roubaix, parce que les eaux plus profondes leur permettent un chargement de beaucoup supérieur et qu'ils y trouvent un plus grand avantage.

Leurs bateaux reviennent à vide par la même voie avec exemption de péage à peu près.

Nous ajoutons la foi la plus entière à ce que proclament nos ingénieurs : c'est que du jour où le canal de Roubaix qui a vu aussi son mouillage porté à 2 mètres et son tirant d'eau à 1^m80, sera joint au canal de l'*Espierre* avec toutes les facilités possibles de navigation qui n'existent encore aujourd'hui qu'à l'aide de moyens artificiels pour l'exhaussement de ses eaux (ce qui le mettra régulièrement en contact avec l'Escaut par ce même canal de l'Espierre situé entre Antoing-Tournai et Audenaerde), la navigation par la Scarpe qui est cependant la ligne la plus courte, si elle n'est pas ramenée au même mouillage que les canaux voisins cessera d'exister.

Elle sera réduite aux proportions les plus maigres d'une espèce de cabotage intérieur.

Ce canal de l'Espierre sera le coup de grâce donné à notre batellerie. Les houilles du bassin houiller du Hainaut comme tous les produits métallurgiques seront dirigés sur l'Escaut par le canal de Mons à Pommerœuil-Antoing pour arriver à Lille et autres lieux de consommation par le canal de l'Espierre-Roubaix.

L'Escaut français par Valenciennes, Cambrai, Saint-Quentin ne conservera plus que sa batellerie sur Paris.

Telle est l'appréciation des hommes les plus sérieux dont nous ne sommes que le faible et insuffisant interprète.

Il y a péril en la demeure et il est urgent qu'une décision soit prise. Le meilleur remède serait le rachat par l'État du canal de la Scarpe, parce que la concurrence réduite même à la Sensée est ruineuse pour les concessionnaires qui ont encore trente-trois ans d'exploitation.

Ou bien, il faut de toute nécessité que ces mêmes concessionnaires ou leurs successeurs trouvent les ressources nécessaires pour un mouillage semblable à celui des autres canaux. Si notre canal était approfondï et relevé en même temps ils pourraient soutenir toute concurrence même en souscrivant à l'obligation que l'État leur imposerait sans doute d'établir une taxe semblable à celle perçue sur les canaux voisins.

Le mouillage de notre rivière porté à 2 mètres, le tirant d'eau à 1^m80 relèveraient la navigation de l'état d'infériorité où elle est réduite ; si cette navigation sur notre canal devait sombrer, faute de ne plus pouvoir être parcourue, ce serait un véritable malheur public pour notre ville et aussi pour notre contrée si industrielle.

Nos ingénieurs réunissent dans leurs attributions le service général de la navigation et le service hydraulique ; ils ont étudié à fond les travaux à exécuter pour fournir à la Scarpe un mouillage égal à celui de la Sensée, de la Deûle, du canal de Roubaix.

Ils se sont préoccupés des intérêts de la navigation et du dessèchement qui pourraient s'entredétruire, si les tiraillements ou les procès qui vont se produire par suite d'usurpation d'attributions prenaient de plus grands développements. Il faut en finir.

Le syndicat, nous en avons la preuve, ne se donne plus la peine de s'adresser à Monsieur le Préfet du Nord pour écrire à Messieurs les maires des communes intéressées, et il s'arroge ainsi un pouvoir presque souverain selon sa convenance.

Il pousse l'indépendance beaucoup plus loin que nos anciens abbés, seigneurs temporels car il a déjà déclaré par sa lettre du 22 août 1872 adressée à ces mêmes maires « que le syndicat n'aurait plus sa » raison d'être » s'il devait s'en remettre à la discrétion de Messieurs les ingénieurs chargés du service hydraulique du département ou de l'arrondissement.

Sans prêcher ouvertement le refus de l'impôt, cette fière déclaration en est presque l'équivalent.

Aujourd'hui le syndicat pourrait ne plus trouver aussi facilement les mêmes complaisances en haut lieu qu'autrefois, l'administration préfectorale, comme Messieurs les ingénieurs voulant de plus en plus se rendre compte de l'état réel des choses.

Disons toutefois que le syndicat a déclaré *qu'il donnerait son adhésion* au projet de Messieurs les ingénieurs.

Nous voulons plus que cela ; nous voulons la réorganisation du syndicat, et nous l'obtiendrons tôt ou tard.

Une lettre des plus courtoises cette fois vient d'être adressée tout récemment par le syndicat à tous les maires des communes soumises à la cotisation.

Cette lettre indique un grand désir de conciliation et d'entente commune ; mais n'est-il pas à craindre que, comme en 1840, le syndicat ne soit encore égoïste et personnel.

Nous dirons donc en attendant à nos nouveaux conseillers municipaux avec ce romain de l'antiquité « *Caveant Consules !* »

Quoi qu'il en advienne, le devis général des dépenses présenté par Messieurs les ingénieurs des ponts et chaussées, s'élevait primitivement à 448,000 francs pour mettre la Scarpe en état de soutenir la concurrence des canaux voisins.

Mais, comme en 1854, il a été fait par l'État un très-important travail préparatoire, celui de l'approfondissement de la partie de la Scarpe qui lui appartient en aval de l'écluse de Thun jusqu'à Mortagne, travail estimé 155,000 francs avec quelques autres, il conviendrait de déduire ce chiffre de la dépense générale.

Le devis pour l'ensemble des travaux depuis le fort de Scarpe jusqu'au dernier bief de Saint-Amand à Thun, resterait fixé ainsi à 293,000 francs, soit en chiffres ronds 300,000 francs.

Quand nous voyons une dépense de 15,000,000 de francs faite par la ville de Dunkerque seule pour l'amélioration de ses eaux, cette somme de 300,000 francs serait-elle donc si difficile à trouver?

Le gouvernement, nous a-t-on affirmé, est presque maître de la situation ; dans sa haute justice il n'abusera pas assurément de sa force contre des concessionnaires malheureux ou ceux qui les ont remplacés.

Sa sollicitude impartiale doit s'étendre à tous les intérêts.

Le ministère des travaux publics, s'il accordait une allocation de

293,000 francs moyennant certaines garanties, voir même une réduction du terme de la concession, la récupérerait et au delà.

Plusieurs milliers d'hectares acquerraient une immense plus-value par tous les travaux projetés par les ingénieurs, et il est certain que l'impôt ainsi largement accru et multiplié couvrirait bien vite toutes les avances.

Avec le rétablissement de notre section particulière, le retour dans nos murs de notre bureau de recettes ; nos ressources agrandies et employées judicieusement à améliorer, à curer à vif tous nos cours d'eaux et rivières ; la transformation de quelques-unes de nos vannes en moyens d'irrigation fonctionnant méthodiquement ; tous ces travaux si féconds exerceraient leur bienfaisante influence sur la salubrité publique en rapport si intime avec notre prospérité agricole et industrielle.

La ville de Saint-Amand serait remise en possession de ses anciens droits dont elle userait sans nuire à aucun intérêt voisin ; plus attentivement que jamais elle surveillerait l'emploi des taxes perçues sur les terres soumises à la cotisation, *proportionnellement à leur valeur et à leurs produits.*

Le relèvement de notre niveau d'eau abaissé par la réduction illégale des terrassements imposés par la loi de concession, par suite de l'arrangement extra-légal intervenu entre le syndicat et les concessionnaires, MM. Bayard de la Vingtrie frères et Cie, arrangement approuvé par M. le préfet du Nord sous la date du 13 juillet 1835, qui a diminué de 10 centimètres le niveau de tous les biefs depuis Lalaing jusqu'à St-Amand ; l'approfondissement déterminé par messieurs les ingénieurs ne ferait que nous donner ainsi une plus grande épaisseur d'eau, si nos eaux surtout cessaient d'être détournées de leur cours naturel pour aller grossir celles de la Deûle ou d'autres canaux.

La navigation n'aurait plus aucune inquiétude à concevoir pour l'avenir.

Ce double travail combiné donnerait le même mouillage, le même enfoncement que celui des canaux voisins. Les droits de navigation seraient ramenés au niveau de ceux prélevés sur ces mêmes canaux.

La situation n'est pas désespérée, comme le prouve surabondamment le remarquable rapport de la nouvelle administration de la Société de la Scarpe, inséré dans le *Propagateur du Nord* du 12 février 1875 ; mais il faut se hâter.

Nous appelons donc de tous nos vœux :

1° La réorganisation du *Syndicat de dessèchement* de la vallée de la Scarpe sur la base de l'ordonnance royale du 30 novembre 1825 ;

2° Le rachat par l'État à bref délai de la concession de la Scarpe canalisée ou le retrait de cette concession portant la date du 11 avril 1835 qui finira le 11 avril 1903, moyennant équitable indemnité.

Le département du Nord, par décision du Conseil général, a offert à l'État les fonds nécessaires pour réaliser ce rachat et compléter ainsi l'amélioration des canaux du Nord.

L'État *seul* peut entreprendre immédiatement ces travaux ; l'État plane au-dessus de tous les intérêts privés ; il a le droit comme le devoir de les protéger tous en même temps en les abritant sous sa suprême et impartiale sollicitude ; cette sollicitude sans faveur, sans passion comme doit l'être celle d'un bon père de famille.

Le Conseil général, le Conseil d'arrondissement, les ingénieurs des ponts et chaussées, la ville de Saint-Amand et le Comice agricole, le Syndicat siégeant à Marchiennes lui-même ont plusieurs fois exprimé le même vœu.

Le syndicat a reconnu de plus qu'il y avait lieu à réorganiser le mode d'administration qui régit le dessèchement de la vallée.

La société concessionnaire représentée naguère par MM. Bayard de la Vingtrie et Cie a sollicité le rachat à plusieurs reprises en déclarant franchement et sincèrement « *que la concession était impuissante pour remédier au mal existant qui deviendrait une calamité publique s'il se prolongeait.* »

En ce qui concerne notre ville, le redressement de ses légitimes griefs sera l'objet constant de tous nos efforts, et nous ne serons satisfaits que lorsque le régime de nos eaux intérieures sera replacé sous les prescriptions libérales et conservatrices de l'ordonnance royale du 30 novembre 1825.

Tel est le but que nous poursuivons et que nous ne désespérons pas d'atteindre, avec le concours désintéressé des hommes de bonne volonté, amis de l'ordre, de la justice et de la liberté, si nombreux, nous le proclamons avec fierté, dans les deux cantons de Saint-Amand.

Pius est patria, facta referre labor !

HENRY CHOTTEAU.

Petit-Château (la Croisette), 8-23 Mars 1875.

9 782014 023701